Un monde plus vert

Éditeur : Vincent Pichon-Varin
Coordinatrice éditoriale : Angélique Dufour
Textes : Suzette Durand
Illustrations : Benoît Aupoix
Maquette et mise en pages par Soft Office

92, avenue de France
75013 Paris
www.cherche-midi.com

Un monde plus vert

Les solutions du quotidien pour une consommation d'énergie plus vertueuse

Illustrations de Benoît Aupoix

le cherche midi

COMMENT LE DÉPLOIEMENT DES COMPTEURS INTELLIGENTS PARTICIPE À LA TRANSITION ÉCOLOGIQUE

Le déploiement de Linky sur le territoire français a commencé en décembre 2015.

Fin 2021, 90 % des foyers français en étaient équipés. Au total, Enedis a installé en quelques années 34 millions de compteurs, à un rythme allant parfois jusqu'à 30 000 poses par jour.

Le compteur Linky, dont le déploiement a stimulé l'économie nationale, a été l'un des plus importants programmes industriels français de ces dernières années. Avec un budget maîtrisé de 4 milliards d'euros investis par Enedis, 10 000 emplois ont été créés pour fabriquer, poser et recycler les anciens compteurs. Les 38 000 salariés d'Enedis, soutenus par près de 60 entreprises partenaires, se sont mobilisés au service de la réussite de ce projet emblématique pour la Nouvelle France Electrique. Une fois le déploiement industriel achevé, de nouvelles perspectives s'ouvriront pour la digitalisation du réseau de distribution.

Maîtriser et faire évoluer le réseau électrique sont des étapes indispensables de la transition écologique. Le compteur communicant permet à chacun d'identifier ses consommations et d'agir pour éviter le gaspillage énergétique. Le compteur Linky favorise également l'autoconsommation individuelle ou collective : alors que deux compteurs distincts étaient jusqu'alors nécessaires, Linky est capable de mesurer la quantité d'énergie produite par les panneaux solaires et celle utilisée par le consommateur. Passer à la voiture électrique est également plus facile : grâce à Linky, le propriétaire du véhicule peut planifier ses heures de recharge au moment où l'électricité est la moins chère !

Ces perspectives ne constituent qu'un échantillon des fonctionnalités des compteurs communicants : à ce stade de l'évolution du marché, l'exploitation des potentialités de Linky est estimée à 5 % seulement. Le réseau électrique intelligent est donc une réponse au défi climatique plus que prometteuse. Elle est nécessaire.

Les données relevées par le compteur Linky sont accessibles à chaque client sur le site internet d'Enedis, et il est même possible d'activer un suivi précis, toutes les demi-heures. Grâce à ce suivi, le consommateur devient un « consom'acteur ». Il est en mesure d'agir plus efficacement au quotidien : remplacer un équipement trop gourmand en électricité, en utiliser un autre pendant les heures creuses, adopter des éco-gestes… Les économies ainsi réalisées peuvent réduire la facture d'électricité de près de 10 %, selon l'Agence de l'environnement et de la maîtrise de l'énergie (ADEME).

Enedis transmet les données de consommation des clients (finie la relève physique !) aux fournisseurs d'électricité, qui peuvent ainsi facturer selon la consommation réelle : c'est la fin des factures de régularisation !

Le compteur Linky fait égalemment remonter les informations lors d'une panne et le réseau électrique peut être réparé plus rapidement. Enfin, les données recueillies par le compteur, anonymisées, sont un outil d'analyse précieux qui permet aux collectivités de suivre et d'orienter leur politique énergétique.

LES COMPTEURS INTELLIGENTS EN QUESTIONS

Comme toute nouveauté, la mise en place rapide et à grande échelle de cet équipement a soulevé des questions : sécurité, coût, données privées, santé... De nombreuses réunions publiques ont permis un dialogue entre les Français et Enedis.

Les données de consommation sont-elles protégées ?

Seul le consommateur a accès aux données détaillées relevées par son compteur Linky, sur un portail protégé et gratuit. Libre à lui d'activer le suivi demi-heure par demi-heure : par défaut, le relevé est effectué une fois par jour. Le fournisseur d'électricité dispose uniquement d'un relevé mensuel pour la facturation. Sans l'accord explicite du client, il ne peut pas accéder à un suivi plus fin. Les gestionnaires du réseau électrique ne peuvent en aucun cas fournir des données individuelles, mais seulement des données agrégées, constituées de 10 sites au moins, conformément à la limite fixée par la Commission nationale de l'informatique et des libertés (CNIL).

Quels sont les effets des ondes émises par Linky sur la santé ?

Le compteur Linky transmet les données de consommation grâce au courant porteur en ligne (CPL), une technologie utilisée depuis plus de 60 ans. Les mesures réalisées par l'Agence nationale des fréquences (ANFR) ont permis d'établir que les niveaux d'exposition aux champs électromagnétiques dus aux compteurs communicants sont extrêmement faibles par rapport aux valeurs limites réglementaires. À titre de comparaison, à 50 cm d'un compteur Linky, l'intensité du champ électromagnétique est près de 30 fois inférieure à celle d'une box wifi placée à la même distance. C'est l'équivalent d'un volet roulant électrique.

Le compteur Linky augmente-t-il la facture d'électricité ?

La pose d'un compteur Linky n'est pas facturée au consommateur. Les investissements que ces installations représentent pour le gestionnaire du réseau électrique seront compensés par les économies réalisées grâce à ce dispositif (suppression de la relève, mise en place de téléopérations, etc.). D'autre part, le coût de l'électricité ne change pas après la pose d'un compteur Linky. Le compteur continue à compter l'électricité, comme les précédentes générations de compteurs, mais de manière plus fiable. Plus encore, Linky permet aux fournisseurs d'affiner leurs offres, pour proposer des tarifs plus adaptés aux besoins de chaque consommateur et, potentiellement, plus avantageux pour lui.

Pierre angulaire de la transition écologique et outil précieux pour le consommateur, le compteur communicant Linky promet de faire évoluer les usages et les modes de production dans les années à venir. Si l'étendue de ses applications est encore loin d'être pleinement utilisée, il permet déjà de faire avancer à grands pas l'autoconsommation, la mobilité électrique, la sobriété énergétique, la sécurité et la fiabilité du réseau électrique, la lutte contre la précarité énergétique… Les exemples de ses réussites ne manquent pas.

Pour un meilleur accès aux données de consommation

Aspirateur

SUIVRE SA **CONSOMMATION** POUR **MIEUX** LA MAÎTRISER

Dimanche soir, Marion regarde un reportage à la télé et découvre que, grâce à son compteur communicant Linky, elle peut suivre au jour le jour – et même heure par heure ! – sa consommation d'électricité et ainsi maîtriser sa facture. Elle se rend sur le site internet d'Enedis et en quelques clics crée son compte en ligne. Il ne reste plus qu'à ajouter les données du compteur de son domicile à Lyon.

Depuis son smartphone, elle compare sa consommation actuelle à celle des jours, semaines et mois précédents. De quoi visualiser très concrètement les pics de consommation de son logement et obtenir les clés pour mieux les maîtriser en adoptant notamment des éco-gestes.

Marion met toute la famille à contribution pour éviter les heures de pointe et privilégier les horaires où l'électricité est moins chère. C'est tout un programme : sa fille, Juliette, lancera la machine à laver à 14 h 30 avant d'aller à son cours de musique ; Théo, le cadet, mettra le robot aspirateur en marche en rentrant de l'école ; et Marc, son mari, se chargera de lancer le lave-vaisselle avant de se coucher.

Marion a bien compris qu'en devenant tous ensemble acteurs de leur consommation ils agissent en faveur de leur porte-monnaie et de la planète.

LA **DATA** POUR LUTTER CONTRE LA PRÉCARITÉ **ÉNERGÉTIQUE**

Samuel rentre chez lui après son dernier cours du soir. En ce mois de février et à cette heure, il n'a qu'une envie : aller se mettre au chaud ! Mais, une fois chez lui, il sent à peine la différence avec la température extérieure et hésite même à garder son manteau. « J'ai beau augmenter la température des radiateurs toutes les heures, j'ai l'impression que ça ne change rien ! » explique Victor, son colocataire. Samuel s'affale sur le canapé. « Je ne sais plus quoi faire… J'ai fait le calcul, je dépense plus de 10 % de ce que je gagne rien que pour la facture d'énergie. »

Heureusement, les choses sont sur le point de changer : le maire de leur commune a fait de la lutte contre la précarité énergétique une priorité de son mandat. « L'accès à l'énergie : un droit fondamental ! », c'est ce que l'on peut lire sur la brochure que les colocataires ont reçue dans leur boîte aux lettres. « Il paraît qu'un programme d'aide a été mis en place. J'ai compris qu'il s'appuie sur les données du nouveau compteur d'électricité », explique Samuel.

En effet, une cartographie précise de la ville a été élaborée. Elle est alimentée par les données de consommation, anonymes et agrégées, qui sont transmises à la collectivité par les compteurs communicants Linky. Grâce à cette carte, la ville peut identifier les zones présentant des consommations d'électricité plus élevées, ce qui peut l'aider à cibler les immeubles nécessitant des travaux de rénovation thermique.

Quelques semaines plus tard, le bailleur social de Samuel et Victor annonce que des travaux d'isolation vont démarrer dans leur immeuble. Une réunion de chantier est organisée très rapidement. Les deux colocataires sont au premier rang pour s'assurer que les courants d'air ne seront bientôt plus qu'un mauvais souvenir !

LE PILOTAGE DE L'ÉCLAIRAGE PUBLIC, LEVIER DE LA POLITIQUE ÉNERGÉTIQUE DES COLLECTIVITÉS

Une journaliste réalise une interview de Paul, qui travaille pour les services techniques de Toulouse Métropole. Elle s'intéresse aux nouvelles installations d'éclairage public. Tous les jours, Paul vérifie que les éclairages urbains sont fonctionnels. « C'est ma mission de garantir la sécurité et le bien-être des Toulousains. Mais je rends aussi service à leur porte-monnaie… On ne dirait pas, mais l'éclairage public, c'est plus de 40 % de la facture d'électricité de la ville ! »[1]

Depuis qu'il a configuré sa plateforme « Mon éclairage public » avec Enedis, Paul reçoit une alerte automatique par e-mail dès qu'un lampadaire présente une anomalie. En effet, chaque lampadaire ou « mât » équipé d'un compteur Linky enregistre sa consommation d'électricité : il est donc très simple de détecter une augmentation ou une baisse de consommation anormale sur un luminaire. Il est alors facile d'identifier le mât concerné et d'envoyer une équipe sur place pour le faire réparer. « Avant, je me promenais à la tombée de la nuit pour vérifier un échantillon aléatoire de mâts. C'est quand même beaucoup plus pratique et efficace comme ça ! »

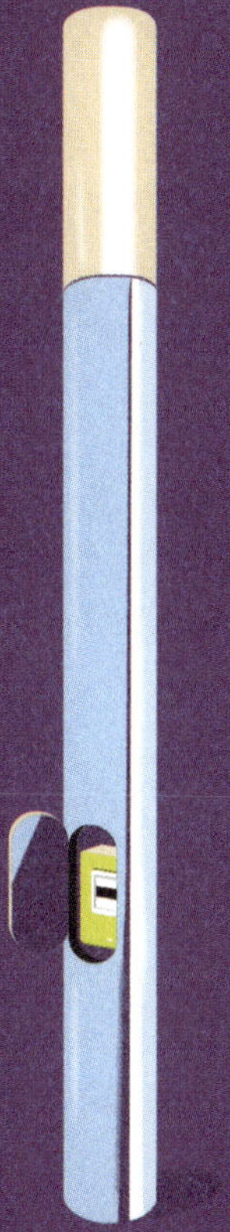

Depuis l'installation des compteurs communicants, des dizaines de pannes ont été neutralisées avant même d'être signalées par les habitants. Grâce au coup de pouce de Linky, Paul peut profiter de ses soirées, et les Toulousains bénéficient d'un éclairage public de qualité tout au long de l'année.

1. Source AFE 2019 : http://www.afe-eclairage.fr/afe/l-eclairage-en-chiffres-26.html

ÉCONOMISER DE L'ÉNERGIE… TOUS ENSEMBLE !

Dans les communes de l'agglomération nantaise, l'association CIM-E (Association de conseils, d'information, de médiation, énergie, environnement, événementiel) utilise les informations recueillies anonymement par les compteurs Linky pour sensibiliser les habitants aux enjeux énergétiques. Inspiré par ce modèle, le maire de la commune où vit Chloé décide de lancer une campagne de lutte contre le changement climatique.

Une grande affiche installée dans le centre-ville détaille les performances énergétiques de la commune et propose des défis afin d'encourager les foyers à réduire leur consommation. Chaque jour, en sortant du collège, Chloé la consulte. « Je te parie qu'on va gagner le concours du quartier le plus responsable ! » déclare-t-elle à sa mère, Lucie.

Sa maman est intriguée. « C'est vrai que c'est pas mal… Regarde, dans cet encadré, ils disent qu'il est facile de suivre sa consommation et la production de ses panneaux solaires. Ce serait sympa qu'on en installe, non ? Depuis le temps que j'en parle. »

En voyant les progrès réalisés par la collectivité mois après mois, de plus en plus d'habitants ont décidé de rejoindre le mouvement. Lucie utilise désormais l'électricité produite sur son propre toit, son voisin Dylan va enfin acheter le véhicule hybride dont il rêvait, Michel adopte des éco-gestes. Grâce à leurs efforts, leur quartier est celui qui a enregistré la plus forte baisse de consommation d'électricité… pour la plus grande joie de Chloé. « Je te l'avais bien dit, Maman, qu'on gagnerait ! »

NANTES MÉTROPOLE
Vainqueur du Challenge
des économies d'énergie !
BRAVO!!

Pour une meilleure intégration des énergies renouvelables

BOULANGERIE

PRODUIRE ET CONSOMMER EN CIRCUIT COURT

Nadia prépare ses prochaines vacances en Espagne. Avant même de penser à la crème solaire, son premier réflexe est de recharger sa voiture pour le trajet ! En se rendant à la borne, elle tombe sur Antoine, son voisin, qui a contribué au lancement d'une communauté énergétique dans leur quartier il y a quelques mois. De quoi favoriser une économie locale et circulaire.

« Tu as bien de la chance de partir au soleil ! J'aimerais bien me glisser dans tes valises… » lui dit-il, un peu jaloux. « Ne t'inquiète pas, la météo prévoit du beau temps toute la semaine ici ! Mes panneaux solaires vont produire de l'électricité qui pourra être consommée en circuit court au sein du voisinage », lui répond Nadia.

Les compteurs Linky recensent l'électricité produite et l'électricité consommée. Dans un quartier comme celui de Nadia et Antoine où il est possible de partager l'électricité produite localement, chacun peut en profiter pour ses usages quotidiens tout en bénéficiant d'une garantie d'alimentation grâce au réseau électrique si le beau temps n'est pas au rendez-vous.

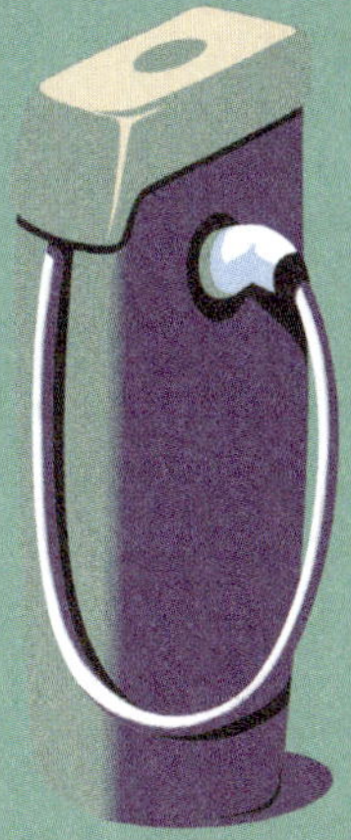

VIVE L'AUTOCONSOMMATION INDIVIDUELLE !

Linda va bientôt commencer un nouvel emploi à Marseille. Après quelques années à Paris, elle retourne s'installer dans le Sud auprès de sa famille. Elle vient d'acheter une maison en banlieue, et si elle est heureuse de retrouver sa région, c'est aussi parce qu'elle va pouvoir profiter de l'ensoleillement pour installer des panneaux solaires sur son toit.

Sur Internet, elle a vu qu'il n'est plus nécessaire d'installer deux compteurs différents pour mesurer sa consommation d'une part, et la production de ses panneaux d'autre part. « Maintenant, c'est Linky qui fait tout ! » explique-t-elle à son frère, venu visiter sa nouvelle maison. « Il mesure ce que je consommerai, ce que je produirai, et me permettra de revendre le surplus sur le réseau. Je suis gagnante à tous les coups ! » Dans un logement individuel équipé d'une installation photovoltaïque, en moyenne, la part de l'électricité qui est autoconsommée ne représente que 20 % de la production environ ; le reste peut donc être revendu et contribuer au pouvoir d'achat de l'autoconsommateur.

« Comme ça, quand il fera beau, je profiterai doublement du soleil », précise-t-elle en montrant du doigt l'emplacement de ses futurs panneaux solaires sur son toit. « Je me vois déjà sortir mon transat pour bronzer dans l'après-midi et, la nuit tombée, utiliser l'électricité du réseau. » « Une bonne nouvelle pour la planète ! » lance son frère. « Pour la planète, et pour mon porte-monnaie ! » répond Linda. « Eh bien, dès que tu auras fini tes travaux, je prendrais bien les coordonnées de ton installateur ! » ajoute-t-il en souriant.

ÉCOLE

AUTOCONSOMMER ENSEMBLE

Maxime et Caroline sont instituteurs en Normandie. Depuis quelque temps, ils partagent plus qu'un métier… ils mettent aussi en commun leur production d'électricité ! La commune est une pionnière de l'autoconsommation collective : plusieurs habitants ont installé des panneaux photovoltaïques sur le toit de leur maison. Ils se sont regroupés dans une association qui a signé une convention d'autoconsommation collective avec Enedis afin d'organiser le partage au quotidien de leur production.

Ce matin, Maxime croise Caroline devant l'école. « Tiens, regarde ! » s'exclame-t-il en lui montrant le toit, sur lequel des ouvriers installent des panneaux solaires. « Maintenant, l'électricité des salles de classe sera locale aussi, au moins en partie. Je voulais justement faire un petit exposé sur les énergies renouvelables. Ce sera beaucoup plus parlant maintenant que l'énergie des lumières de la salle de classe vient du soleil ! »

Logements, écoles, piscine, commerces… toutes ces structures peuvent être intégrées dans une opération d'autoconsommation collective. Les compteurs Linky mesurent précisément la consommation et la production d'électricité, toutes les 30 minutes. Enedis affecte une part de production locale à chacun des participants, selon les modalités qu'ils ont définies entre eux, en complément de l'électricité procurée par le fournisseur librement choisi par chacun des participants à l'opération.

Avec le réseau public de distribution d'électricité, tous bénéficient d'une garantie d'alimentation en électricité de qualité, même en l'absence de production locale.

UNE COMMUNAUTÉ ÉNERGÉTIQUE SUR L'ÎLE D'YEU

Aline possède une maison sur l'île d'Yeu. Elle a constitué, avec une vingtaine de voisins, un réseau d'autoconsommation collective particulièrement innovant. Son toit n'est pas équipé de panneaux solaires, mais ceux de certains de ses voisins le sont : le réseau permet aux habitants de mutualiser leur production et leur consommation d'électricité. Il favorise ainsi la transition écologique tout en privilégiant les circuits courts. Des qualités particulièrement intéressantes sur une île !

« Mais ce n'est pas tout, le surplus d'énergie produit par le quartier est stocké dans la batterie qui a été installée chez Alexandre », explique-t-elle à Christine, qui hésite à franchir le cap. « Comme ça, on peut utiliser l'électricité des panneaux solaires quand on veut ! Hier, par exemple, il a plu toute la journée, mais j'ai quand même pu recharger ma voiture à l'énergie solaire grâce à la batterie d'Alexandre. D'ailleurs, j'ai de plus en plus de voisins qui passent à la voiture électrique, maintenant : c'est le cercle vertueux de la transition écologique ! » ajoute-t-elle en montrant sur son téléphone l'évolution de sa consommation.

DEVENIR **PRODUCTEUR** D'ÉLECTRICITÉ

En 2022, plus de 150000 personnes produisent elles-mêmes une partie de l'énergie qu'elles consomment. En 2015, elles n'étaient que 3000 ! C'est en découvrant ces chiffres que Jacques, agriculteur dans le Cantal, a décidé de se renseigner sur l'autoconsommation. Sa ferme est équipée de silos, d'enclos, de garages et d'habitations… « Avec cette surface de plus de 1 000 m², ce n'est vraiment pas l'espace qui manque pour installer des panneaux solaires ! » explique-t-il.

Après avoir comparé les nombreuses options et garanties proposées sur le marché, Jacques choisit l'offre qui correspond le mieux à ses projets. Il crée ensuite un compte en seulement quelques minutes sur la plateforme Enedis-Connect et fait une demande de mise en service. « Le processus est simple : je n'ai eu besoin de faire aucune démarche supplémentaire, mon compteur s'occupe de tout ! Seulement 24 heures après la mise en service sur Enedis-Connect, je peux déjà suivre les quantités d'énergie consommées et produites, et revendre le surplus pour générer des revenus. »

Jacques était producteur de lait, de fromage et de viande, il est désormais aussi producteur d'électricité !

DES ÉNERGIES **RENOUVELABLES** POUR CONTRIBUER À LA STRATÉGIE **BAS-CARBONE** DES COLLECTIVITÉS

Nicolas se gare sur le parking de son usine, dans la zone d'activité de Saint-Nazaire. Dans son entreprise, on assemble différents composants qui sont ensuite installés sur les navires de croisière. Son activité consomme beaucoup d'énergie, il y a des vérins, des visseuses, des appareils de contrôle… Alors, lorsqu'il a reçu un courrier, comme tous les propriétaires de cette zone, qui l'informait que son usine était idéalement placée pour accueillir des panneaux solaires, il n'a pas hésité !

Un outil de cartographie proposé par Enedis a en effet identifié, grâce aux données des compteurs Linky, les lieux de Saint-Nazaire où des panneaux photovoltaïques pouvaient être installés sans nécessiter d'importants travaux de renforcement sur le réseau d'électricité. Les investissements pour la collectivité se voient donc optimisés et déployés de manière efficace, au service des clients.

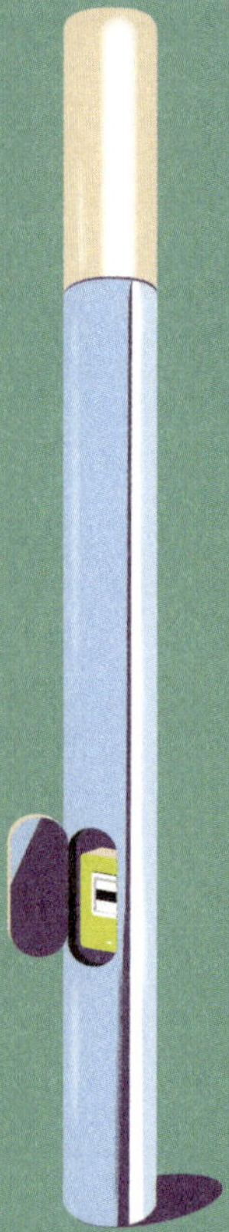

Nicolas a rapidement obtenu des devis. Les panneaux solaires pourront être installés en quelques jours !

Aujourd'hui, il vient inspecter ses nouveaux panneaux qui brillent au soleil, et jette un coup d'œil complice à la borne de recharge de sa fourgonnette électrique… qui sera bientôt alimentée par ses panneaux !

COMME SUR DES **SKIS**, SOYONS **FLEXIBLES** !

Sébastien est gestionnaire d'une station de ski. Depuis son bureau, il a une vue imprenable sur les pistes. «Pas mal ! On voit toutes les installations fonctionner en même temps, c'est fou… » s'exclame Nathan, son nouveau collègue. L'année dernière, Sébastien s'est préparé à gérer des flexibilités locales sur le réseau électrique.

Dans les scénarios, tout est prévu avec les acteurs concernés : arrêt des canons à neige, ralentissement des remontées mécaniques, baisse de la température de chauffage, recharge plus tardive ou moins rapide des véhicules électriques, report de l'enclenchement des chauffe-eau… «Si Enedis nous le demande, je réduirai l'alimentation des équipements électriques, des remontées mécaniques ou d'autres équipements… Je suis un peu le "DJ élec'" de la station ! »

Un autre acteur de la station a été retenu pour offrir un service de flexibilité. Il pourra baisser temporairement la consigne de chauffage des logements ou différer la recharge des véhicules électriques pour réduire la consommation électrique dans les logements.

Ainsi, les habitants pourront continuer à profiter de la soirée dans les restaurants, les bars et les animations de la station après une bonne journée de ski !

Grâce au compteur Linky, on pourra constater la baisse de chauffage ou le report de la charge des véhicules.

Pour développer la mobilité électrique

BÉNÉFICIER D'UN CONTRAT D'ÉLECTRICITÉ ADAPTÉ À SES **BESOINS**

Léo rentre du travail et prend le temps de discuter un moment avec Sylvie, sa voisine. Elle lui montre la voiture électrique qu'elle vient d'acheter et qu'elle est en train de brancher sur sa borne de recharge. Léo aimerait bien en avoir une, lui aussi, mais il hésite. « Ça ne va pas faire exploser ma facture d'électricité ? » « Non ! répond Sylvie avec un grand sourire. J'ai choisi un contrat d'électricité spécial "véhicule électrique", avec des tarifs moins élevés quand je recharge pendant la nuit, les week-ends et les jours fériés. Au bout du compte, je m'y retrouve ! »

Sylvie lui donne des idées. La voiture électrique, ce sera pour plus tard, pour le moment il aimerait bien trouver une offre pour payer moins cher le mercredi après-midi, car c'est le moment où il garde ses enfants. Il pourrait en profiter pour joindre l'utile à l'agréable : faire toutes les tâches ménagères qui consomment de l'électricité en faisant des économies… tout en passant des moments en famille.

« Rien de plus simple, lui dit Sylvie. Grâce au compteur Linky, les fournisseurs d'électricité peuvent maintenant proposer des offres quasi sur mesure. Tu trouveras certainement celle qui convient à tes besoins ! »

RECHARGER SA VOITURE, RIEN DE PLUS FACILE !

Owen vit dans un appartement à Lyon et utilise depuis plusieurs années une voiture électrique pour faire ses trajets quotidiens. Dans son immeuble, il n'y a pas de place de parking équipée de borne de recharge. Heureusement, il y a une installation de recharge publique juste devant chez lui, intégrée à un lampadaire ! Avant, il ne l'utilisait que rarement et privilégiait la recharge de son véhicule au bureau, pensant qu'il devait être difficile pour son opérateur de distinguer sa consommation de celle de l'utilisateur précédent, et donc de calculer le bon montant à facturer.

Depuis qu'un compteur Linky a été installé dans le lampadaire et que la recharge de sa voiture électrique est possible en s'y branchant, il est plus confiant et l'utilise tous les jours. « Au moins, je suis sûr de ne payer que ce que je consomme, ni plus, ni moins ! »

En effet, le compteur Linky permet de mesurer très finement, et en temps réel, l'électricité utilisée pour sa recharge et de dissocier les consommations de chaque utilisateur de voiture électrique des consommations propres à l'éclairage public. Ces informations sont ensuite automatiquement envoyées à l'opérateur d'Owen, qui ne lui facture que l'électricité qu'il a consommée.

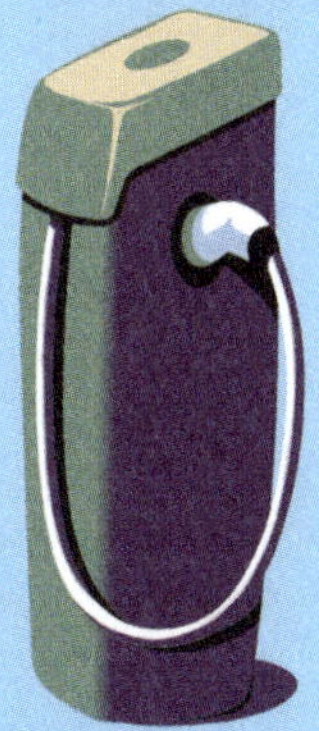

À CHACUN SA **BORNE** DE **RECHARGE**... À LA MAISON !

Comme près de la moitié des Français, Mathilde vit dans un immeuble. Elle pensait qu'il était difficile de faire installer une borne de recharge sur sa place de parking et avait renoncé à pouvoir un jour y recharger son véhicule électrique.

Laura, une voisine rencontrée au cours de yoga et qui habite l'immeuble du coin de la rue, l'a convaincue du contraire. Elle a fait voter en réunion de copropriété l'équipement d'une installation électrique collective permettant aux copropriétaires de faire poser une borne de recharge sur leurs places de parking. « Chaque habitant de l'immeuble est libre d'installer le modèle de borne qu'il souhaite et, avec un compteur Linky associé, il peut choisir son fournisseur d'électricité, celui qui propose le meilleur contrat spécial "voitures électriques" ».

Aujourd'hui, Laura fait visiter son parking à Mathilde, qui est séduite. Cela ne fait que quelques semaines que les premières bornes sont apparues, mais certains de ses voisins envisagent déjà de vendre leurs voitures thermiques pour passer à l'électrique ! « Il est plus simple de faire le plein chez soi que de se déplacer dans une station-service. À ce rythme-là, mes voisins se lanceront peut-être dans l'installation de leurs bornes de recharge plus vite qu'ils ne le pensent... ».

Mathilde est désormais déterminée à proposer ce projet dans son immeuble, exemple à l'appui. Quitte à déplacer tout le monde chez Laura !

APPY

LA MOBILITÉ ÉLECTRIQUE EN HAUTE MONTAGNE

Lucien habite à Appy, en Ariège, à 1 000 mètres d'altitude. Ce village de montagne est à la pointe de la mobilité électrique et de l'intégration des énergies renouvelables.

« Quand on vit en pleine nature, dans un endroit aussi beau, on n'a pas envie de le polluer ! » explique Lucien à sa petite-fille, Alice, qui s'étonne de voir une voiture électrique flambant neuve dans l'allée de sa maison. « Tu leur diras d'en prendre de la graine quand tu retourneras à la ville ! Maintenant, Appy, c'est 32 habitants, 220 moutons… et 11 Zoé ! » ajoute-t-il en riant.

En effet, des véhicules électriques ont été prêtés gratuitement à chacun des 11 foyers du village afin de tester leur utilisation en zone rurale. La première boulangerie se trouvant à 20 minutes de route d'Appy, impossible de se passer de voiture. Le petit village est le laboratoire rêvé de ces nouvelles mobilités ! Désormais, les habitants utilisent quotidiennement leurs véhicules électriques pour leurs déplacements. Sans augmenter leur consommation d'électricité ! Car les panneaux solaires qui ont été installés sur certains bâtiments publics permettent de produire l'électricité nécessaire au fonctionnement des Zoé. Les données transmises par les compteurs Linky permettent aux fournisseurs d'électricité de facturer au plus juste chaque utilisateur en fonction de l'électricité consommée et produite.

« On ne risque pas de se retrouver en panne au milieu de la route, quand on descendra au marché de Foix ? » s'inquiète Alice. « Aucun risque, la borne publique est sur la place, à deux pas, je l'utilise très souvent. Et, si besoin, il y a aussi une borne en ville. »

LA **VOITURE**, FUTURE SOLUTION DE STOCKAGE DE L'**ÉLECTRICITÉ** ?

Comme de plus en plus de Français, Marco a récemment fait le choix d'une voiture électrique pour réduire son impact environnemental. En jouant aux petites voitures avec son fils, Jules, une idée lui vient. «Pourquoi on n'utiliserait pas l'électricité stockée dans la batterie de ma voiture pour faire fonctionner son circuit… et d'autres appareils de la maison, par la même occasion ?»

Il explique son idée à Jules : «Tu vois, le soir, après ma journée de travail et les allers-retours pour les courses et le sport, ma batterie de voiture est encore à moitié pleine… En attendant de faire le plein pendant la nuit, je pourrais la vider complètement pour éclairer et chauffer la maison, et faire fonctionner ton circuit de voitures. En plus, ça éviterait de contribuer au pic de consommation de fin de journée quand l'électricité coûte plus cher ! T'en penses quoi, toi, Jules ?»

Et Jules de s'amuser : «Euh… c'est super, Papa ! Tu vois, on devrait jouer plus souvent ensemble, ça te donne des super idées ! Allez, on joue ?»

Imprimé en France par POLLINA
Dépôt légal : mai 2022
N° d'impression : 42813
ISBN : 978-2-7491-7316-0